Georgi Stavrev

Logique métier et développement de la logique backend

Georgi Stavrev

Logique métier et développement de la logique backend

Éditions universitaires européennes

Impressum / Mentions légales
Bibliografische Information der Deutschen Nationalbibliothek: Die Deutsche Nationalbibliothek verzeichnet diese Publikation in der Deutschen Nationalbibliografie; detaillierte bibliografische Daten sind im Internet über http://dnb.d-nb.de abrufbar. Alle in diesem Buch genannten Marken und Produktnamen unterliegen warenzeichen-, marken- oder patentrechtlichem Schutz bzw. sind Warenzeichen oder eingetragene Warenzeichen der jeweiligen Inhaber. Die Wiedergabe von Marken, Produktnamen, Gebrauchsnamen, Handelsnamen, Warenbezeichnungen u.s.w. in diesem Werk berechtigt auch ohne besondere Kennzeichnung nicht zu der Annahme, dass solche Namen im Sinne der Warenzeichen- und Markenschutzgesetzgebung als frei zu betrachten wären und daher von jedermann benutzt werden dürften.

Information bibliographique publiée par la Deutsche Nationalbibliothek: La Deutsche Nationalbibliothek inscrit cette publication à la Deutsche Nationalbibliografie; des données bibliographiques détaillées sont disponibles sur internet à l'adresse http://dnb.d-nb.de.
Toutes marques et noms de produits mentionnés dans ce livre demeurent sous la protection des marques, des marques déposées et des brevets, et sont des marques ou des marques déposées de leurs détenteurs respectifs. L'utilisation des marques, noms de produits, noms communs, noms commerciaux, descriptions de produits, etc, même sans qu'ils soient mentionnés de façon particulière dans ce livre ne signifie en aucune façon que ces noms peuvent être utilisés sans restriction à l'égard de la législation pour la protection des marques et des marques déposées et pourraient donc être utilisés par quiconque.

Coverbild / Photo de couverture: www.ingimage.com

Verlag / Editeur:
Éditions universitaires européennes
ist ein Imprint der / est une marque déposée de
OmniScriptum GmbH & Co. KG
Heinrich-Böcking-Str. 6-8, 66121 Saarbrücken, Deutschland / Allemagne
Email: info@editions-ue.com

Herstellung: siehe letzte Seite /
Impression: voir la dernière page
ISBN: 978-3-8381-8672-6

Copyright / Droit d'auteur © 2014 OmniScriptum GmbH & Co. KG
Alle Rechte vorbehalten. / Tous droits réservés. Saarbrücken 2014

2010

usiness logic and back-end logic development

Georgi Stavrev
Sirma ITT
Encadré par :
Illyana Angelova

Remerciements

Je tiens à remercier Sirma pour m'avoir accueilli dans son entité Sirma ITT.

Je remercie l'équipe dirigeante du siège de Sirma à Varna - le manager principal Vassil Donev et le directeur technique Hristo Enev, ainsi que le PDG de Sirma ITT Yavor Djonev.

Je remercie l'équipe SKIU pour mon accueil dans le projet et la collaboration tellement fructueuse que nous avons eu - Miroslav Nachev, Iliyana Angelova, Vladimir Kolev, Pavel Cheshmedjiev, Hristo Gentchev, Valeri Tishev, Neyko Neykov, Plamen Kinev, Sevgin Mustafov.

Je remercie le chef du projet EMS21 Miroslav Chervenski et toute l'équipe - ils sont bien nombreux pour pouvoir mentionner tout le monde.

Enfin, je remercie l'ensemble du corps professoral de l'UPMC et l'UFR d'Ingénierie, et plus particulièrement du parcours de master Technologies Applicatives. La dernière année académique a été pleine de nouvelles connaissances, défis et expériences marquantes. J'ai reçu un enseignement excellent qui m'a permis d'intégrer le monde de l'entreprise dans les meilleures conditions. J'ai des gens magnifiques avec lesquels j'ai passé des moments des fois difficiles, mais toujours bénéfiques.

Table des matières

1. Sirma Group Corp. 6

  1.1. A propos de Sirma 6

  1.2. Les divisions de Sirma Group Corp. 6

  1.3. Certificats, prix et affiliations 7

  1.4. L'expertise de Sirma Group Corp. 7

    1.4.1. Services de Conseil 7

    1.4.2. Ingénierie du logiciel et développement de systèmes d'information 7

    1.4.3. Systèmes industriels et temps-réel. 8

    1.4.4. Applications financières 8

    1.4.5. Applications Internet/Intranet 8

    1.4.6. Solutions de travail collaboratif et gestion des travaux. 8

    1.4.7. Gestion des connaissances et traitement de text. 9

    1.4.8. Solutions pour la Conception et Fabrication Assisté par Ordinateur (CAO/FAO). 9

  1.5. Sirma Solutions (www.sirmasolutions.com) 9

    1.5.1. L'expérience de Sirma Solutions 10

  1.6. OntoText (www.ontotext.com) 11

  1.7. EngView Systems (www.engview.com) 12

  1.8. Sirma media (www.sirmamedia.com) 12

  1.9. Sirma Business Consulting 13

  1.10. Pirina Technologies (www.pirinatech.com) 14

  1.11. Sirma ITT 14

  1.12. Sirma IT Consulting 14

  1.13. Sirma Mobile 14

2. Les processus utilisés. 15

  2.1. RUP - Rational Unified Process 15

    2.1.1. Histoire 15

    2.1.2. Les composants du RUP 16

    2.1.3. Les phases du cycle de vie du RUP 16

    2.1.4. Les Disciplines d'Ingénierie 18

    2.1.5. Les Disciplines de Support 21

  2.2. SCRUM 24

2.2.1. Histoire 24

2.2.2. Les principes de SCRUM 25

2.2.3. Rôles 27

2.2.4. Planification 28

2.2.5. Gestion des besoins 29

2.2.6. Estimations 31

2.2.7. Déroulement d'un sprint 32

Vue synthétique du processus SCRUM 34

3. Les projets 34

   3.1. Le projet EMS21 34

      3.1.1. Sujet. 34

      3.1.2. Contexte et moyens. 35

      3.1.3. Méthodologie de travail 37

   3.2. Le projet SKIU 42

      3.2.1. Sujet 42

      3.2.2. Contexte et moyens. 42

      3.2.1. Méthodologie de travail 45

4. Conclusion 46

   4.1. Apport de la formation TA 46

   4.2. Apport du stage 47

   4.3. Bilan humain 47

Introduction

Dans ce rapport je détaille mon parcours professionnel pendant les derniers 5 mois au sein de l'entreprise Sirma Group Corp. Vous trouverez dans ce que suit une description de l'entreprise, des deux processus de développement et des deux projets auxquels j'ai participé.

1. Sirma Group Corp.

1.1. A propos de Sirma

Sirma est le nom d'une société présente dans les domaines du matériel informatique, du logiciel et des services informatiques. La société a commencé par des projets de développement de composants informatiques pour un nombre de grandes sociétés et des institutions de gouvernement aux Etats-Unis et Canada. Aujourd'hui Sirma crée et commercialise, des produits informatiques novateurs, dans le monde entier.

Sirma Group Corp. a commencé en 1992 en tant qu'une entreprise de développement concentrée principalement autour le domaine scientifique de l'informatique. La société développe de produits informatiques sur une base sérieuse de connaissances techniques et un fond scientifique non négligeable. Les efforts de l'entreprise sont dirigés vers une connections plus solide et profonde entre les dernières découvertes scientifiques les produits créés. Sirma utilise les meilleures pratiques de l'industrie en combinaison avec son propre expertise et expérience pour gérer des projets de différentes tailles. La mission de Sirma est de toujours surpasser les expectations de ses clients. Avoir un bon focus, un grand nombre d'experts et une adaptabilité sont considéré comme des qualités clés de l'organisation. Sirma Group Corp. a gagné des positions importantes sur les marchés en Bulgarie, en Amérique du Nord et en Europe.

1.2. Les divisions de Sirma Group Corp.

Sirma Group Corp. est partagé en plusieurs divisions. Chaque division a pour but de maximiser l'expertise dans un domaine spécifique de l'informatique.

- **Sirma Solutions** – Services de consultation et développement de plateformes dans les domaines du e-business et de l'e-gouvernement.

- **OntoText** – Recherche et développement de technologies basés sur les connaissances et les technologies avancées de traitement de la langue.

- **EngView Systems** – Développe et commercialise des produits CAO/FAO (Conception et Fabrication Assisté par Ordinateur).

- **Sirma Media** – La première maison d'édition électronique de produits multimédias – encyclopédies, dictionnaires, jeux et outils d'analyse et traitement linguistique.

- **Sirma Business Consulting** – Partenaire major d'i-Flex Solutions. Fournit des services informatiques et consulte toutes les grandes banques en Bulgarie.

- **Pirina Technologies** – Développe et fabrique des traceurs de découpe pour les studios de design et de publicité.
- **Sirma ITT** – Développe des systèmes de gestion basés principalement sur des architectures orientées services et dont le but est l'automatisation des processus métier.
- **Sirma IT Consulting** – La division chargé principalement des services de conseil
- **Sirma Mobile** – Développe de solutions mobiles sur les plateformes les plus récentes comme iOS et Android.

1.3. Certificats, prix et affiliations

- ISO 9001:2000. Certificat pour le système de gestion de la qualité depuis 2003.
- Microsoft Certified Partner depuis 2001, Oracle Member Partner depuis Mar 2003, IBM Partner depuis Feb 2004.
- Gagnant du prix d'IST (European Information Society Technology) pour la ligne de logiciels CAD/CAM pour l'industrie d'emballage et production de matrices industriels.
- Membre fondateur de l'Association bulgare des entreprises informatiques (BASSCOM), l'EEC (East European Center) de l'ESI (European Software Institue) et membre potentiel de la branche du PMI (Project Management Institue).

1.4. L'expertise de Sirma Group Corp.

Les consultants et développeurs de Sirma ont une expérience significative dans l'élaboration de solutions logicielles et les services de conseil dans les domaines principaux suivants.

1.4.1. Services de Conseil

- Commerce et Technologie de l'information.
- Gestion de projets.
- Évaluation de logiciels.
- Développement de solutions logicielles.
- Intégration de solutions d'entreprise.

1.4.2. Ingénierie du logiciel et développement de systèmes d'information

- Analyse orienté objet, conception et programmation.
- Base de données relationnelles et orientées objet.

- Analyse et conception d'interfaces homme-machine.
- Modélisation de systèmes d'informations dynamiques.
- Communications.

1.4.3. Systèmes industriels et temps-réel.

- Systèmes de contrôle des armes.
- Systèmes de contrôle pour les aéroports.
- Applications industrielles: dispositifs de commande, applications industrielles.
- Applications de contrôle de l'environnement.

1.4.4. Applications financières

- Programmation d'unités centrales de type i-Series.
- Systèmes de gestion de documents pour les banques.
- Systèmes de payements électroniques (e-Payment) pour les banques.
- Systèmes pour le budget de paiements électroniques.
- Systèmes de règlement brut en temps réel.

1.4.5. Applications Internet/Intranet

- Portails de commerce électronique.
- Payement électronique de factures / places de marchés virtuelles.
- Gestion des ressources d'approvisionnement Systèmes pour le budget de paiements électroniques.
- Gestion de la chaine de valeur étendue.
- Gestion de la relation client (CRM)

1.4.6. Solutions de travail collaboratif et gestion des travaux.

- Solutions de collaboration en distance et gestion.
- Solutions de gestion documentaire.
- Solutions de gestion de la demande à distance.
- Solutions de gestion des subventions et contributions.

- Solution de demande bibliothécaire.

1.4.7. Gestion des connaissances et traitement de text.

- Ontologies
- Alignement
- Gestion des connaissances
- Raisonnement (DL, BCPN)
- Recherche d'information
- Extraction de l'information
- Traitement du langage naturel (NLP)
- IA distribuée
- Systèmes Multi-Agents

1.4.8. Solutions pour la Conception et Fabrication Assisté par Ordinateur (CAO/FAO).

- Solutions CAO paramétriques et variationnelles
- Studios de modélisation 2D / 3D
- Solution de conception et fabrication du paquetage
- Système CAO de gestion du Workflow pour les plieuses-plat-bord.
- Logicielles de gestion de la qualité / Solutions FAO pour les plieuses-plat-bord.
- Machines pour le contrôle de mesures.
- Solutions d'extrusion d'aluminium

1.5. Sirma Solutions (www.sirmasolutions.com)

Sirma Solutions est spécialisée dans le conseil et R&D haute-qualité de projets sur mesure.

Sirma Solutions a son focus sur le développement de solutions e-business pour une variété d'industries – de financiers à la fabrication et la vente. Sirma Solutions se concentre exclusivement sur des logiciels de qualité commerciale ce que signifie qu'elle est en mesure de livrer des applications complexes avec une haute prévisibilité et confidence dans la réussite du projet. En appliquant les technologies de pointe, Sirma Solutions a confirmé sur les marchés son renommé d'une entreprise fiable.

1.5.1. L'expérience de Sirma Solutions

Les experts du conseil et développement de Sirma Solutions ont participé à plusieurs projets qui ont varié pas seulement dans le champ d'activité mais aussi dans la plateforme de développement. Cette division de Sirma a une expérience significative dans les champs suivants.

1.5.1.1. Systèmes industriels et temps-reel.

- Systèmes de contrôle des armes.
- Systèmes de contrôle pour les aéroports.
- Applications industrielles: dispositifs de commande, applications industrielles.
- Applications de contrôle de l'environnement.

1.5.1.2. Application financières

Sirma Solutions a des experts capables de programmer et maintenir des unités centrales de type i-Series.

L'entreprise est très expérimentée dans l'implémentation et la maintenance des systèmes d'informations dans les banques et des systèmes financières externes tels que : BISERA (Bank Integrated System for e-Payments in Bulgaria), SEBRA (System for Budget e-Payments in Bulgaria), RTGS (Real Time Gross Settlement System in Bulgaria), S.W.I.F.T. (Society for Worldwide Interbank Financial Telecommunication), etc.

Sirma Solutions a aussi une expérience important dans l'intégration et la maintenance d'ICBS (International Comprehensive Banking System, marque déposée par Fiserv Fiserv Inc.), la création de modules pour les systèmes bancaires intégrés pour les payements électroniques.

1.5.1.3. Applications Internet/Intranet

Voici une liste de types d'applications que Sirma Solutions développe régulièrement et dont elle a de l'expérience dans la prestation dans les délais et le budget.

- Business-to-Consumer:
  - e-Retailing / Portails de commerce
  - Appel d'offres et enchères
  - Gestion des clients
  - Paiement électronique
- Business-to-Business:
  - Places de marché virtuelles
  - Gestion des ressources d'approvisionnement

- Gestion de la chaîne de valeur étendue
- Gestion de la relation client (CRM)

1.6. OntoText (www.ontotext.com)

OntoText Lab. est un laboratoire de Sirma Group Corp., concentré sur la recherche et développement dans le domaine du traitement de texte et la gestion des connaissances.

Intérêts et expertise:

- ontologies, alignement, gestion et représentation des connaissances, raisonnement (DL, BCPN);
- récupération de l'information (IR, recherche de texte), extraction d'information (IE, extraction de connaissance à partir de texte), traitement du langage naturel (NLP) tâches telles que l'analyse morphologique et syntaxique, lemmatisation, etc. ; des outils XML et des normes, des services web sémantiques, ontologie d'échange, la linguistique du corpus, l'apprentissage machine (HMM, NN);
- IA distribuée, les systèmes multi-agents – principalement les langues des agents de communication et de planification distribuée ;

Le laboratoire OntoText participe à plusieurs projets financés par la Comission Européenne sous le 5ème et 6ème Framework Programme. Certains d'entre eux sont présentés ci-dessous :

VISION,   OntoWeb,   On-To-Knowledge   and   Semantic Web enabled Web Services.

OntoText a des activités conjointes avec de nombreuses organisations tells que :

Linguistic Modeling Lab., CLPOI, Bulgarian Academy of Sciences

Institute of Bulgarian Language, Bulgarian Academy of Sciences

NLP Group, CS Department, Sheffield University, UK

Ontological Foundations of Conceptual Modeling and Knowledge Engineering Group

LADSEB-CNR, Italy

1.7. EngView Systems (www.engview.com)

L'histoire de EngView Systems remonte à 1996 lorsque Sirma Group Cor. a lancé un projet de recherche dédié à la création d'un système totalement nouveau et redimensionnable de CAO. La technologie variationnelle et paramétrique résultant a été développée grâce à un investissement de plus de 80 années-homme de recherche hautement innovante et le travail de développement.

En 1999 EngView Systems a reçu le prestigieux prix Europe Information Society Technology (IST) Prix pour sa gamme de produits logiciels CAO / FAO pour l'emballage et l'industrie du « diemaking » (production de matrices pour la fabrication). Le thème de 1999 du Prix IST a été le suivant : « Les nouveaux produits avec une forte teneur en hautes technologies d'information et évident potentiel commercial. Les 25 gagnants du Prix IST ont été sélectionnés parmi 261 candidats de 27 pays. Les cérémonies de récompense ont eu lieu à Helsinki, Finlande le 23 Novembre 1999.

EngView Systems est entré dans le marché de QCM/CMM en commençant par un partenariat stratégique avec le producteur leader mondial des machines de mesure vidéo – Optical Gaging Products, Inc. USA. La compagnie a réussi à identifier une entièrement nouvelle demande pour la technologie de base de conception V&P, et a réussi à développer des produits pour l'incorporation dans les machines PSF utilisant un minimum d'efforts et coûts – par la réutilisation de la technologie et les compétences accumulées de son équipe.

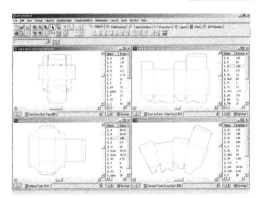

A présent EngView Systems développe trois gammes de produits différents, en soutenant le créneau des marchés verticaux de carton / conception et fabrication d'emballage de carton ondulé, les logiciels de contrôle de la qualité des machines à mesurer et d'extrusion d'aluminium. La société a marqué des réalisations remarquables pour sa courte existence sur ces trois marchés.

Actuellement EngView vend ses produits sur 4 continents grâce à un réseau de plusieurs revendeurs.

1.8. Sirma media (www.sirmamedia.com)

Sirma Media a pris, en 2002, le relais de deux autres unités du groupe Sirma en se concentrant sur le développement d'une gamme de produits qui inclut :

- **Encyclopédies multimédias** – gamme complète des encyclopédies électroniques universelles et spécialisés, couvrant un large éventail de la connaissance du monde.

- **Dictionnaires électroniques** – Les séries bilingues et multilingues Oxford-Duden.

- **Outils linguistiques** – Ligne spécialisée pour les outils de vérification pour la suite MS Office ; jeux éducatifs

- **Portail de connaissances -** Znam.bg prévu de devenir le dépositaire de connaissance de la langue bulgare le plus riche sur le Web.

Une grande partie des travaux effectués dans Sirma Media est fortement alimenté par les réalisations du laboratoire OntoText. Cette synergie professionnelle ne reflète pas seulement la stratégie d'entreprise pour la collaboration et le travail en équipe, mais inspire aussi le personnel de Sirma pour générer des idées et des solutions souvent uniques pour prouver les positions de la société sur le marché comme les plus innovantes et la gestion de l'entreprise comme une des plus modernes dans le monde de l'informatique. Un exemple parfait de cette approche est la série de dictionnaires bulgare-anglais et anglais-bulgare, qui on intégré la technologie de recherche sémantique de OntoText. Une approche similaire a été utilisée aussi bien dans le développement de l'ensemble des encyclopédies avec la présentation multimédias des articles. Suite à son approche au marché basé sur la science fondamentale Sirma Media coopère fortement avec des équipes de R&D externes et des institutions comme l'Académie bulgare des sciences, universités et laboratoires de recherche indépendants.

1.9. Sirma Business Consulting

Cette unité a été dérivée de Sirma Solutions en 2006, après l'approbation de la société en tant que partenaire principal pour la Bulgarie du géant du logiciel indien i-Flex – premier fournisseur mondial de logiciels bancaires de base. Depuis, l'unité a grandi rapidement, en seulement 12 mois, à plus de 60 employés hautement qualifiés et maintenant ce n'est que le déficit du personnel qualifié du marché qui ralentit la croissance de la société. SBC et la seule société Bulgare pour la mise en œuvre du système d'information pour les banques le plus vendu au monde dans les dernières années – Flexcube. SBC n'a pas seulement à installer ce produit exceptionnel, mais aussi à maintenir et continuer à consulter les banques clientes pour leurs besoins au jour le jour et de nouvelles approches techniques dans la réalisation de leurs stratégies de marché. Toutes les grandes banques en Bulgarie sont déjà partenaires avec SBC, y compris des noms prouvés dans les affaires comme Unicredit Bulbank (Italie), Allianz (Allemagne), Reiffeizenban (Autriche), etc. L'unité a accordé une attention particulière à un projet de mise en œuvre de l'une des technologies les plus avancées pour les services bancaires. SBC est partenaire clé avec un grand fond d'investissement dans la mise en œuvre d'un système spécial de payements électroniques utilisant la technologie ci-dessus mentionnée, qui a déjà été nommé par la Banque Nationale de Bulgarie en tant qu'opérateur national interbancaire.

1.10. Pirina Technologies (www.pirinatech.com)

Cette unité de Sirma Group Corp. a été créée en 2005 afin de compléter au niveau du matériel des produits très réussis d'EngView Systems. Le traceur de découpe qu'il fabrique est le moins cher dans le monde dans sa catégorie (traceurs A0 bureau), et est en concurrence avec beaucoup de succès avec tous les principaux fabricants de ce type d'équipement. Appareils fabriqués par Pirina Technologies sont en exploitation partout dans le monde, du Canada, à travers l'Europe à l'Australie. Encore une fois – la seule existence de l'unité prouve le succès de la stratégie d'entreprise pour une croissance continue et la présence réussie sur le marché par l'exploitation en profondeur de tout le potentiel professionnel de son personnel.

1.11. Sirma ITT

Sirma ITT est une jeune division de Sirma Group Corp. avec environ 40 employés, spécialisés dans de grands et complexes projets, l'architecture orientée services et le développement de systèmes de type e-gouvernement (douanes, accises, l'impôt, la santé).

A la fin de 2007 Sirma Solutions a acquis 100% du capital de la société ITT et l'a rebaptisée à Sirma ITT. La raison principale de l'achat a été l'expertise et les capacités spécifiques de l'é quipe d'ITT. Cette équipe a été complétée par l'expérience des développeurs et managers de Sirma Solutions. Sirma a ajouté des experts en gestion expérimentés aux ingénieurs de Sirma ITT. Entre les deux sociétés existe une coopération étroite.

Actuellement Sirma ITT occupe une place importante sur le marché bulgare. Dans les dernières années la société a gagné les plus grand nombre de projets gouvernementaux pour le développement de systèmes de gestion dans les douanes, les institutions gouvernementales etc.

1.12. Sirma IT Consulting

En 2009, Sirma Solutions a été choisi comme fournisseur de l'accord-cadre de la Commission Européenne – « Bénéficiaires », Lot 3 « Télécommunications et technologies de l'information ».

L'unité Sirma IT Consulting a été créée pour mettre l'accent sur le business de conseil de Sirma et l'administration du Lot 3 de l'accord-cadre.

1.13. Sirma Mobile

Sirma Mobile a été créé à la fin de 2008 à la suite de plusieurs années de développement du business et de la recherche technique et développement dans le domaine des technologies mobiles.

Quelques projets importants de cette division de Sirma sont les suivants :

- Motorola Communication Platform – utilisé comme une plate-forme de communication entre Middleware Motorola iSIM, les systèmes de base et les applications de haut niveau.

- Buddifinder Platform – plate-forme sociale basée sur la localisation
- Plate-forme mobile de rencontres – un service permettant aux utilisateurs d'effectuer une recherche selon l'âge, le sexe et la localisation de membres.
- Bipper (www.bipper.no) – une plate-forme offrant des services aux parents pour le positionnement et le contrôle des enfants, les appels entrants et sortants, etc.

2. Les processus utilisés.

2.1. RUP - Rational Unified Process

2.1.1. Histoire

En 1997 Rational avait déjà acheté les entreprises Verdix, Objectory, Requisite, SQA, Performance Awareness et Pure-Atria. En combinant la base d'experiences de ces compagnies l'équipe de Rational a elaboré les "Six best practices" (Les six meilleures pratiques) pour le développement de produits informatiques contemporains.

1. Développer itérativement, avec le risque comme moteur primaire des itérations

2. Gérer les besoins et les exigences.

3. Utiliser une architecture basée sur les composants.

4. Modéliser le logiciel graphiquement.

5. Assurer la qualité en continuité.

6. Controller les changements.

Ces six pratiques clés était en même temps utilisés par les équipes de développement de Rational mais aussi par les équipes "sur le terrain" à aider les clients à améliorer leur qualité et prévisibilité des efforts nécessaires à mettre dans un produit informatique. Pour pouvoir faire bénéficier plus de monde de ces pratiques Philippe Kruchten - un évangéliste de Rational a été chargé d'assembler l'ensemble dans une Framework explicite. Ce processus de développement moderne de produits informatiques utilisait un mécanisme basé sur HTML développé par Objectory. Le résultat appelé "Rational Unified Process" a terminé un trio stratégique pour Rational:

- un processus adaptable pour guider le développement
- des outils pour automatiser l'application de ce processus
- des services pour accélérer l'adoption du processus et les outils

2.1.2. Les composants du RUP

Le Rational Unified Process est basé sur un ensemble de bloques de construction ou éléments de contenu qui décrivent ce que doit être produit, les compétences nécessaires requises et une explication pas-à-pas qui décrit comment chaque objectif doit être atteint. Ces « briques » principales du RUP sont les suivants :

- Rôles (qui) – Un Rôle définit un ensemble de compétences et responsabilités.

- Artéfacts (quoi) – Un Artéfact représente quelque chose qui est le résultat d'une tâche, cela inclut tous les documents et modèles produits pendant le processus.

- Tâches (comment) – Une Tâche décrit une unité de travail assigné à un Rôle qui fournit un résultat significatif

A chaque itération, les tâches sont partagées en neuf disciplines : six « disciplines d'ingénierie » - Modélisation métier, Besoins et exigences, Analyse et Conception, Implémentation, Tests et Déploiement ; trois disciplines de support – Configuration et Gestion de changements, Gestion de projet (Project Management) et Environnement.

2.1.3. Les phases du cycle de vie du RUP

Le cycle de vie du RUP contient quatre phases. Ces phases permettent au processus d'être présenté en haut-niveau d'une manière similaire à la façon dont un projet de style « waterfall » pourrait être présenté, même si, la clé du processus réside dans les itérations du développement qui se trouvent dans toutes les phases. Aussi, chaque phase a un objectif et un « milestone » à la fin qui marque l'objectif accompli. La visualisation des phases et disciplines du RUP au fil du temps est appelé le « RUP hump chart ».

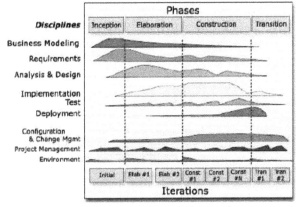

Figure 1.RUP hump chart

Inception

L'objectif primaire de cette phase et de bien déterminer le périmètre du système pour pouvoir valider le calcul initial des coûts et les budgets. Dans cette phase, l'analyse de la rentabilisation, qui inclut le contexte métier, les facteurs de succès et des prévisions financières, sont établis. Pour compléter cet analyse, un modèle de cas d'utilisation (use case), un plan de projet, un analyse initial des risques et description du projet sont générés. Après que ceux-ci sont complétés, le projet est contrôlé selon les critères suivants :

- Assentiment des parties prenantes sur la définition du périmètre et les estimations de couts/heures-homme.
- Compréhension des besoins et exigences tels que décrits par le modèle de cas d'utilisation.
- La crédibilité des estimations(en heures-homme), des priorités, des risques et le processus de développement.
- La profondeur et l'étendue de tout prototype d'architecture qui a été développé.
- Etablir une base de références permettant de comparer les dépenses réelles par rapport aux dépenses prévues.

Si le projet ne passe pas cette étape, appelée le Lifecycle Objective Milestone, il peut soit être annulé ou la phase répétée après avoir être remanié pour mieux répondre aux critères.

Elaboration.

L'objectif primaire est de réduire, les risques identifiés, à travers l'analyse, jusqu'à la fin de cette phase. La phase d'élaboration est où le projet commence à prendre forme. Dans cette phase l'analyse du métier et l'architecture du projet prennent leur forme de base.

Cette phase doit passer le Lifecycle Architecture Milestone en répondant aux objectifs suivants :

- Un modèle de cas d'utilisation dans lequel le cas d'utilisation et les acteurs ont été identifiés et la plupart des descriptions de cas d'utilisations sont faites. Le modèle de cas d'utilisation devrait être terminé à 80%.
- Une description de l'architecture logicielle dans un processus de développement.
- Une architecture exécutable qui réalise les cas d'utilisation significatifs.
- Un plan de développement pour l'ensemble du projet.
- Des prototypes pour démontrer la réduction de chaque risque technique identifié.

Si le projet ne peut pas passer ce cap il reste toujours du temps pour l'annuler ou retravailler les artefacts. En même temps, en sortant de cette phase, le projet entre dans une phase à haut risque ou les changements sont beaucoup plus difficiles et causent des désavantages. L'analyse clé de la phase d'élaboration est celle de l'architecture système.

Construction

L'objectif de cette phase est de construire le système. L'accent est mis sur le développement de composants et d'autres caractéristiques du système. C'est la phase où la grosse partie de la programmation prend place. Dans les grands projets, la phase de construction peut contenir plusieurs itérations dans le but de diviser les cas d'utilisation en segments gérables qui produisent des prototypes démontrables.

Cette phase produit la première version du logiciel.

Transition

L'objectif primaire est de faire la « transition » du système de développement en production, et ainsi le rendre accessible et compris par l'utilisateur final. Les activités dans cette phase incluent formation des utilisateurs et les mainteneurs et des beta tests du système pour valider par rapport aux attentes des utilisateurs finaux. Le produit est aussi vérifié par rapport au niveau de qualité fixé dans la phase de lancement.

Si tous les objectifs sont atteints, le Product Release Milestone est franchi et cela termine le cycle de développement.

2.1.4. Les Disciplines d'Ingénierie

Modélisation métier

La modélisation explique comment décrire la vision de l'organisation dans laquelle le système sera déployé et comment alors utiliser cette vision comme base pour tracer le processus, les rôles et les responsabilités.

Les organisations deviennent de plus en plus dépendantes des systèmes d'information, ce qui implique que les ingénieurs doivent être capables de comprendre comment les applications qu'ils développent doivent s'intégrer dans l'organisation. Les entreprises investissent dans l'informatique quand elles comprennent la valeur ajoutée par la technologie. Le but de la modélisation métier est d'établir une meilleure compréhension et canal de communication entre l'ingénierie du business et le génie logiciel. Comprendre le métier signifie que les ingénieurs informatiques doivent comprendre la structure et la dynamique de l'organisation cible (le client), les problèmes actuels dans l'organisation et les améliorations possibles. Ils doivent aussi assurer une compréhension partagée de l'organisation cible entre les clients, les utilisateurs et les développeurs.

Besoins et exigences

Les besoins et les exigences expliquent comment susciter les demandes des parties prenantes et les transformer en un ensemble d'artefacts exigés qui couvrent le système à construire et fournir les exigences détaillés de ce que ce système doit faire.

Analyse et conception

Le but de l'analyse et la conception est de montrer comment le système sera réalisé. L'objectif est de construire un système qui :

- Effectue – dans un environnement de mise en œuvre spécifique – les tâches et les fonctions spécifiées dans les descriptions de cas d'utilisations.
- Répond à toutes les exigences.
- Est facile de changer quand les exigences fonctionnelles changent.

Le résultat de la conception est le modèle de conception (angl. Design model) et le résultat de l'analyse est le modèle d'analyse. Le modèle de conception sert comme une abstraction du code source ; cela veut dire qu'il sert comme plan de comment le code source sera structuré et écrit. Le modèle de conception contient des classes structurées dans des packages et sous-systèmes avec des interfaces bien définies, ce qui représente ce qui deviendra des composants dans l'implémentation. Il contient également des descriptions de la manière dont les objets de ces classes collaborent pour effectuer les cas d'utilisation.

Implémentation

Les fins de l'implémentation sont les suivants :

- Définir l'organisation du code en ce qui concerne la mise en œuvre des sous-systèmes qui sont organisés en couches.
- Mettre en œuvre les classes et les objets en termes de composant (fichiers sources, binaires, exécutables et autres).
- Tester les composants développés comme des unités.
- Intégrer les résultats produits par les exécutants individuels (où équipes) dans un système exécutable.

Les systèmes sont réalisés grâce à la mise en œuvre des composants. Le processus décrit comment réutiliser des composants existants, ou la mise en œuvre de nouveaux composants de responsabilités bien définie, ce qui rend le système plus facile à maintenir et à accroître les possibilités de réutilisation.

Tests

Les objectifs des tests sont les suivants :

- Vérifier l'interaction entre les objets.
- Vérifier la bonne intégration de tous les composants du logiciel.
- Vérifier que toutes les exigences ont étés correctement mises en œuvre.
- Vérifier et s'assurer que des défauts sont traités avant le déploiement du logiciel.
- Veiller à ce que toutes les exigences ont étés correctement mises en œuvre.

Le Rational Unified Process propose une approche itérative, ce qui signifie que les tests sont faits tout au long du projet. Cela permet la détection de défauts le plus tôt possible, ce qui réduit radicalement le coût de la correction du défaut. Les tests sont effectués pour les quatre dimensions de la qualité : La Fiabilité, La Fonctionnalité, LA Performance de l'application, La Performance du système. Pour chacune de ces dimensions de qualité, le processus décrit comment passer par le cycle de vie de tests de la planification, la conception, l'implémentation, l'exécution et l'évaluation.

Déploiement

Le but du déploiement est de produire avec succès des lancements de produits, et de fournir le logiciel à ses utilisateurs finaux. Il couvre un large éventail d'activités, notamment la production de lancements externes du logiciel, le packaging, la distribution, l'installation et de fournir l'aide et l'assistance aux utilisateurs. Bien que les activités de déploiement sont principalement centrées sur la phase de tr ansition, de nombreuses activités doivent être incluses dans les phases antérieures pour préparer le déploiement à la fin de la phase de construction. Le Déploiement et les workflows de l'Environnement du RUP contiennent moins de détails que d'autres workflows.

2.1.5. Les Disciplines de Support

Environnement

La discipline Environnement met l'accent sur les activités nécessaires pour configurer le processus d'un projet. Il décrit les activités nécessaires pour élaborer les lignes directrices à l'appui d'un projet. Le but de l'environnement des activités est de fournir à l'organisme de développement de logiciels l'environnement de développement logiciel – à la fois le processus et les outils qui soutiendront l'équipe de développement. Si les utilisateurs de RUP ne comprennent pas que RUP est un framework, ils peuvent le percevoir comme un processus lourd et coûteux. Toutefois, un concept-clé au sein de RUP est que le processus pourrait et devrait être lui-même souvent raffiné. Ce fut d'abord fait manuellement, par l'écriture d'un document « Cas de développement » (Development case) qui précise le processus raffiné à être utilisé. Plus tard le produit IBM Rational Method Composer a été créé pour aider à rendre cette étape plus simple, alors les ingénieurs et les gestionnaires du processus pourraient plus facilement customiser RUP pour leurs besoins précis. Beaucoup des variantes de RUP sorties plus tard, notamment OpenUP / Basic, la version allégée et ouverte de RUP, sont désormais présentés comme des processus séparés dans leur propre droit, et répondent aux différents types et tailles de projets, tendances et technologies dans le développement de logiciels. Historiquement RUP est souvent customisé pour chaque projet différent par un expert en processus RUP, la réussite globale du projet peut être quelque peu dépendante de la capacité de cette seule personne.

Configuration et Gestion des changements

La discipline de Gestion des changements de RUP s'occupe de trois domaines spécifiques : la gestion de la configuration, gestion des demandes de changement et la gestion de l'état.

- Gestion de la configuration : la gestion de la configuration est responsable de la structuration systématique des produits. Artefacts tels que les documents et le modèles doivent être sous contrôle de version et ces changements doivent être visibles. Elle assure également le suivi de dépendances entre les objets de sorte que tous les articles correspondants sont mis à jour lorsque des modifications sont apportées.

- Gestion des demandes de changement : Durant le processus de développement du système de nombreux objets avec plusieurs versions existent. Un CRM permet de suivre les propositions de changement.

- Gestion de l'état : Les demande de changement ont des états tels que « nouveau », « enregistré », « approuvé », « assigné » et « complet ». Une demande de modification a également des attributs tels que la cause, nature (tel que défaut et mise en valeur), priorité etc. Ces états et attributs sont stockés dans la base de données de façon que des rapports sur l'avancement du projet puissent être produits. Rational a également un produit pour maintenir les demandes de changements appelé ClearQuest. Cette activité a des procédures à suivre.

La discipline de gestion de projet et de planification de projet dans RUP se produit à deux niveaux. Il y a un gros grain ou Plan de Phase (angl. Phase plan) qui décrit l'ensemble du projet et une série de grains fins ou des Plans d'Itération qui décrivent les itérations. Cette discipline se concentre principalement sur les aspects importants d'un processus de développement itératif : la Gestion des risques, la Planification d'un projet itérative, par l'intermédiaire du cycle de vie et pour chaque itération particulière et le Suivi de l'avancement du projet itérative. Cependant, cette discipline de RUP ne cherche pas à couvrir tous les aspects de la Gestion de projet.

Par exemple, elle ne couvre pas des questions telles que :

- Gestion du personnel : recrutement, formation, etc.
- Gestion de budget : la définition, l'attribution, etc.
- Gestion des contrats : avec les fournisseurs, clients, etc.

La discipline de gestion de projet contient un certain nombre d'autres plans et des artefacts qui sont utilisés pour contrôler le projet et le suivi de ses performances. Ces plans sont souvent les suivants :

- Le Plan de Phase (Le plan de développement du logiciel)
- Le Plan d'Itération

Plan de Phase

Chaque phase est traitée comme un projet, contrôlée et mesurée par le Plan de Développement du logiciel qui est un ensemble de plans de surveillance :

- Le Plan de Mesure définit les objectifs de mesure, les métriques associées et les mesures primitives qui doivent être recueillies dans le projet pour suivre son avancement.
- Le Plan de gestion des Risques détaille comment gérer les risques associés à un projet. Il décrit en détail les tâches de gestion des risques qui seront effectuées, assigne les responsabilités, et les ressources supplémentaires nécessaires à l'activité de gestion des risques. Sur un projet à plus petite taille, ce plan peut être incorporé dans le Plan de Développement du logiciel.
- La Liste des Risques est une liste triée des risques connus et ouverts pour les projets, triés par ordre décroissant d'importance et liés à l'atténuation ou des actions spécifiques d'intervention.
- La Plan de Résolution des Problèmes décrit le processus utilisé pour rendre compte, analyser et résoudre les problèmes qui sont rencontrés au cours du projet.
- Le Plan d'Acceptation du Produit décrit comment le client évaluera les artefacts livrables d'un projet afin de déterminer si elles répondent à un ensemble prédéfini de critères d'acceptation. Il décrit en détail ces critères d'acceptation et identifie les tâches d'acceptation du produit (y compris l'identification des cas de tests qui doivent être développés) qui seront réalisées, et

confie des responsabilités et les ressources nécessaires. Sur un projet à plus petite taille, ce plan peut être incorporé dans le Plan de Développement du logiciel.

Plan d'Itération

Le Plan d'Itération est un plan avec un ensemble d'activité en séquencées et des tâches, avec des ressources assignés, contenant les dépendances entre les tâches, pour l'itération.

Il y a généralement deux plans d'itérations actives à tout moment.

- Le Plan de l'Itération Courante est utilisé pour suivre l'avancement réalisé dans l'itération courante.

- Le Plan de l'Itération Suivante est utilisé pour planifier l'itération à venir. Ce plan est préparé vers la fin de l'itération courante.

Pour définir le contenu d'une itération vous avez besoin du :

- Plan du Projet

- L'état actuel du projet (sur la bonne voie, à la fin, un grand nombre de problèmes, défauts dans les exigences, etc.)

- Une liste de scénarios ou de cas d'utilisation qui doivent être achevés d'ici la fin de l'itération

- Une liste de risques qui doivent être traités d'ici la fin de l'itération

- Une liste de changements qui doivent être incorporés dans le produit (correction de bogues, évolution des besoins ...)

Ces listes doivent être classées. Les objectifs d'une itération doivent être agressifs de sorte que lorsque de difficultés surviennent, les articles peuvent être largués par les itérations en fonction de leurs rangs.

Par conséquent, il existe un ensemble d'Artefacts qui aident à mesurer et construire chaque Plan d'Itération.

Artefact

L'Évaluation de l'Itération capture le résultat d'une itération, la mesure dans laquelle les critères d'évaluation ont été atteints, les leçons apprises et les changements à faire.

Les mesures du projet sont stockées dans un dépositoire en tant que données métriques. Il contient le projet le plus actuel, ressources, processus, mesures du produit aux niveaux primitif et dérivé.

L'Evaluation d'Etat périodique fournit un mécanisme pour gérer les attentes de chacun tout au long du cycle de vie du projet pour s'assurer que les attentes de toutes les parties sont synchronisées et cohérentes.

L'ordre de travail est le moyen du Chef du Projet de communiquer avec le personnel sur ce qui est à faire et quand cela doit être fait. Il devient un contrat interne entre le Chef du Projet et ceux qui sont responsable de l'achèvement.

La Liste des Questions est un moyen d'enregistrer et suivre les problèmes, les exceptions, les anomalies ou d'autres tâches incomplètes nécessitant attention.

2.2. SCRUM

Scrum est une méthode agile dédiée a la gestion de projets. Son objectif est d'améliorer la productivité des équipes auparavant ralenties par des méthodologies plus lourdes. La métaphore de Scrum (mêlée du rugby) apparait pour la première fois dans une publication de Takeuchi et Nonaka intitulée "The New New Product Development Game".

La méthode Scrum a été conçue pour la gestion de projets de développement de logiciels. Elle peut aussi être utilisée par des équipes de maintenance. Dans le cas de très grands projets, les équipes se multiplient et on parle alors de Scrum de Scrums. La méthode Scrum peut théoriquement s'appliquer a n'importe quel contexte ou a un groupe de personnes qui travaillent ensemble pour atteindre un but commun.

Par contre, la méthode Scrum ne couvre aucune technique d'ingénierie du logiciel. Aussi, son utilisation dans le contexte du développement d'une application informatique nécessite de lui adjoindre une méthode complémentaire comme l' Extreme Programming ou la phase de Construction structurée, mais non extrême, de la méthode RAD, ou encore un ensemble de pratiques circonstanciées en matière d'obtention et de contrôle de la qualité du logiciel.

2.2.1. Histoire

En 1986, Hirotaka Takeuchi et Ikujiro Nonaka decrivent une nouvelle approche holistique qui augmenterait la vitesse et la flexibilité dans le développement de nouveaux produits. Dans celle-ci les phases se chevauchent fortement et l'ensemble du processus est réalise par une équipe aux compétences croisées à travers différentes phases. Ils ont compare cette nouvelle approche au rugby a XV, ou l'équipe essaye d'avancer unie, en faisant circuler la balle (« tries to go to the distance as a unit, passing the ball back and forth »).

En 1991, DeGrace et Stahl, dans "Wicked problems, righteous solutions", font référence a cette approche comme Scrum (mêlée, en anglais), un terme de rugby mentionne dans l'article de Takeuchi et Nonaka. Dans le début des années 1990, Ken Schwaber a utilise une approche qui a conduit a Scrum au sein de son entreprise, Advanced Development Methods. En même temps, Jeff Sutherland, John Scumniotales et Jeff McKenna développent une approche similaire à Easel Corporation et sont les premiers à appeler cela Scrum4. En 1995, Sutherland et Schwaber ont présente conjointement un document décrivant Scrum a l'OOPSLA de 1995 a Austin. Schwaber et Sutherland ont collabore au cours des années suivantes pour fusionner les publications, leurs expériences et les meilleures pratiques du secteur en ce qui est maintenant connu comme Scrum. En 2001, Schwaber fait équipe avec Mike Beedle pour décrire la méthode dans le livre "Agile Software Développent With Scrum". En France, le premier livre français entièrement consacre a Scrum est publie en février 2010 : "SCRUM : Le guide pratique de la méthode agile la plus populaire".

En 2001, 17 représentants des méthodes légères alternatives aux processus lourds traditionnels se sont réunis pour trouver les points communs à leurs méthodes "to find common ground". De cette réunion de quelques jours est ne le Manifeste Agile : un texte bref énonçant des grands concepts, simples, mais qui proposent une nouvelle façon de penser un projet de développement informatique. Si certains dénoncent une certaine évidence de ces concepts, il n'en est pas moins que ce manifeste a pour lui le mérite de les formaliser et surtout de les structurer en un tout homogène et cohérent, par opposition aux pratiques semblables mais complètement hétérogènes d'une entreprise a l'autre et d'un projet a l'autre.

2.2.2. Les principes de SCRUM

Le manifeste agile résume sa philosophie en quatre oppositions entre les concepts traditionnels et les concepts proposés.

Individus et interactions contre processus et outils

Ce sont les individus qui font la valeur du travail accompli, c e sont donc eux que l'on doit privilégier. Sans l'artisan, les meilleurs outils ne servent à rien. Les processus qui définissent ce que doit faire chaque personne brident le potentiel caché derrière chacun : faire interagir les gens au maximum est bien plus fructueux et permet d'améliorer grandement l'efficacité et la qualité du travail fourni, en rassemblant des visions différentes d'un même problème.

Logiciel qui fonctionne contre documentation exhaustive

Les processus lourds génèrent une documentation qui se veut exhaustive avec tous ses inconvénients : ambigüité du langage, coût de la rédaction, coût du maintien en accord avec la réalité, etc. Ces documents ne sont qu'une illusion d'avancement du projet. Même une conception technique initiale peut être complètement remise en cause en phase de codage (ou après) : comment peut-on alors déterminer l'avancement du projet ? Une régression ?

Dans les méthodes Agiles, un seul critère permet de mesurer l'avancement d'un projet : le logiciel qui fonctionne. La documentation n'est qu'un support concret qui aide à produire le logiciel.

Collaboration du client contre négociation de contrat

Dans tout projet, le but premier est de gagner de l'argent, autant pour le client (rentabilisation) que pour le fournisseur (prestation). Si la négociation protège plus ou moins des risques financiers, elle peut provoquer l'échec des projets (délais non respectés, budgets insuffisants) et engendrer d'interminables procès où tout le monde y perd au bout du compte (le client n'a pas son logiciel et le fournisseur ferme boutique).

Il faut sortir de la guerre client/fournisseur et penser en équipe qui veut atteindre un but commun : réussir le projet.

Réponse au changement contre suivi d'un plan prédéfini

Un plan prédéfini a tendance à nous rendre autistes aux événements qui surviennent pendant le projet. Il est en plus à l'origine des conflits client/fournisseur classiques sur les délais de livraison. Pour le client, pouvoir adapter les besoins en cours de projet est un atout concurrentiel : il est réactif aux fluctuations des marchés et s'assure en plus que le logiciel développé répond parfaitement à ses véritables besoins.

Les méthodes Agiles sont conçues pour s'adapter au changement, en assurant un plan macroscopique précis et adaptatif.

Idées clé

- Le client au cœur du projet
- Esprit d'équipe
- La communication est la clé
- Simplicité, efficacité et qualité

- Flexibilité aux changements
- Avancement basé sur le concret

2.2.3. Rôles

Scrum définit trois rôles principaux : le directeur de produit, le facilitateur / animateur et l'équipe. Des intervenants peuvent s'intégrer également au projet de façon plus ponctuelle.

Directeur de produit

Le directeur de produit (*Product Owner*) est le représentant des clients et utilisateurs. C'est lui qui définit l'ordre dans lequel les fonctionnalités seront développées et qui prend les décisions importantes concernant l'orientation du projet. Le terme *directeur* n'est d'ailleurs pas à prendre au sens hiérarchique du terme, mais dans le sens de l'*orientation*.

Dans l'idéal, le directeur de produit travaille dans la même pièce que l'équipe. Il est important qu'il reste très disponible pour répondre aux questions de l'équipe et pour lui donner son avis sur divers aspects du logiciel (interface par exemple).

Équipe

L'équipe ne comporte pas de rôles prédéfinis, elle est autogérée. Il n'y a pas non plus de notion de hiérarchie interne : toutes les décisions sont prises ensemble et personne ne donne d'ordre à l'équipe sur sa façon de procéder. Contrairement à ce que l'on pourrait croire, les équipes autogérées sont celles qui sont les plus efficaces et qui produisent le meilleur niveau de qualité de façon spontanée.

L'équipe s'adresse directement au directeur de produit. Il est conseillé qu'elle lui montre le plus souvent possible le logiciel développé pour qu'il puisse ajuster les détails d'ergonomie et d'interface par exemple.

Facilitateur / Animateur

Le facilitateur / animateur (*Scrum Master*) joue un rôle capital : c'est lui qui est chargé de protéger l'équipe de tous les éléments perturbateurs extérieurs à l'équipe et de résoudre ses problèmes non techniques (administratifs par exemple). Il doit aussi veiller à ce que les valeurs de Scrum soient appliquées, mais il n'est pas un chef de projet ni un intermédiaire de communication avec les clients.

On parle parfois d'équipe étendue, qui intègre en plus le *Scrum Master* et le directeur de produit. Ce concept renforce l'idée que client et fournisseur travaillent d'un commun effort vers le succès du projet.

27

Intervenants

Les intervenants (*Stakeholders*) sont les personnes qui souhaitent avoir une vue sur le projet sans réellement s'investir dedans. Il peut s'agir par exemple d'experts techniques ou d'agents de direction qui souhaitent avoir une vue très éloignée de l'avancement du projet.

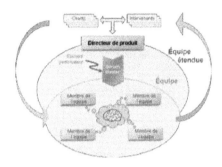

Figure 2.Rôles dans SCRUM

2.2.4. Planification

Scrum utilise une planification à trois niveaux : release/projet, sprint et quotidien.

Sprints

Scrum est un processus itératif : les itérations sont appelées des sprints et durent en théorie 30 jours calendaires. En pratique, les itérations durent généralement entre 2 et 4 semaines. Chaque sprint possède un but et on lui associe une liste d'items de backlog de produit (fonctionnalités) à réaliser. Ces items sont décomposés par l'équipe en tâches élémentaires de quelques heures, les items de backlog de sprint.

Pendant un sprint, les items de backlog de sprint à réaliser ne peuvent pas être changés. Les changements éventuels sont pris en compte dans le backlog de produit et seront éventuellement réalisés dans les sprints suivants.

Il y a une exception à cela : il se peut que l'équipe se rende compte en cours du sprint qu'elle n'aura pas le temps de terminer un item du backlog de sprint ou au contraire qu'elle aura fini en avance. Dans ce cas, et seulement d'un commun accord entre l'équipe et le directeur du produit, on peut enlever ou ajouter un item à ce qui a été prévu.

Pour améliorer la lisibilité du projet, on regroupe généralement des itérations en **releases**. Bien que ce concept ne fasse pas explicitement partie de Scrum, il est utilisé pour mieux identifier les versions. En effet, comme chaque sprint doit aboutir à la livraison d'un produit partiel, un release permet de marquer la livraison d'une version aboutie, susceptible d'être mise en exploitation.

Il est intéressant de planifier à l'échelle d'un release, en répartissant les items du backlog de produit sur les sprints, en respectant leur priorité. Bien entendu, ce qui est planifié au-delà du sprint courant peut changer à tout moment, rien n'est figé à l'avance.

Quotidien

Au quotidien, une réunion, le ScrumMeeting, permet à l'équipe et au ScrumMaster de faire un point d'avancement sur les tâches et sur les difficultés rencontrées.

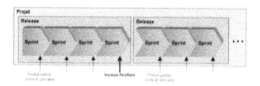

Figure 3.Exemple de planification SCRUM

2.2.5.   Gestion des besoins

Backlog de produit

Scrum utilise une approche fonctionnelle pour récolter les besoins des utilisateurs. L'objectif est d'établir une liste de fonctionnalités à réaliser, que l'on appelle backlog de produit (NDT : Le terme backlog peut être traduit par cahier, liste ou carnet de commandes, qui ne collent pas bien avec l'esprit du terme anglais qui évoque aussi une réserve, un retard accumulé ; aussi ce terme a été gardé tel quel).

À chaque item de backlog sont associés deux attributs : une estimation en points arbitraires (voir Estimation) et une valeur client, qui est définie par le directeur de produit (retour sur investissement par exemple). Ce dernier définit dans quel ordre devront être réalisés ces items. Il peut changer cet ordre en cours de projet et même ajouter, modifier ou supprimer des items dans le backlog.

La somme des points des items du backlog de produit constitue le reste à faire total du projet. Cela permet de produire un release burndown chart, qui montre les points restant à réaliser au fur et à mesure des sprints.

Remarque : il arrive souvent qu'on utilise dans Scrum les User Stories de la méthode Extreme Programming, qui propose des pratiques et des techniques intéressantes (le Planning poker pour les estimer par exemple).

Backlog de sprint

Lorsqu'on démarre un sprint, on choisit quels items du backlog de produit seront réalisés dans ce sprint. L'équipe décompose ensuite chaque item en liste de tâches élémentaires (techniques ou non), chaque tâche étant estimée en heures et ne devant pas durer plus de 2 jours. On constitue ainsi le backlog de sprint.

Pendant le déroulement du sprint, chaque équipier s'affecte des tâches du backlog de sprint et les réalise. Il met à jour régulièrement dans le backlog du sprint le reste à faire de chaque tâche. Les tâches ne sont pas réparties initialement entre tous les équipiers, elles sont prises au fur et à mesure que les précédentes sont terminées.

La somme des heures des items du backlog de sprint constitue le reste à faire total du sprint. Cela permet de produire un sprint burndown chart qui montre les heures restantes à réaliser au fur et à mesure du sprint.

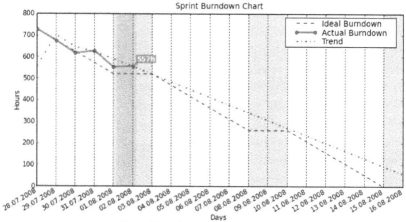

Figure 4.Sprint Burndown Chart

2.2.6. Estimations

Scrum ne définit pas spécialement d'unités pour les items des backlogs. Néanmoins, certaines techniques se sont imposées de fait.

Items de backlog de produit

Les items de backlog de produit sont souvent des *User Stories* empruntées à Extreme Programming. Ces User Stories sont estimées en points relatifs, sans unité. L'équipe prend un item représentatif et lui affecte un nombre de points arbitraire. Cela devient un référentiel pour estimer les autres items. Par exemple, un item qui vaut 2 points représente deux fois plus de travail qu'un item qui en vaut 1. Pour les valeurs, on utilise souvent les premières valeurs de la suite de Fibonacci (1, 2, 3, 5, 8, 13), qui évitent les difficultés entre valeurs proches (8 et 9 par exemple).

L'intérêt de cette démarche est d'avoir une idée du travail requis pour réaliser chaque fonctionnalité sans pour autant lui donner une valeur en jours que le directeur de produit serait tenté de considérer comme définitivement acquise. En revanche, on utilise la vélocité pour planifier le projet à l'échelle macroscopique de façon fiable et précise.

Calcul de vélocité

Une fois que tous les items de backlog de produit ont été estimés, on attribue un certain nombre d'items à réaliser aux sprints successifs. Ainsi, une fois un sprint terminé, on sait combien de points ont été réalisés et on définit alors la vélocité de l'équipe, c'est-à-dire le nombre de points qu'elle peut réaliser en un sprint.

En partant de cette vélocité et du total de points à réaliser, on peut déterminer le nombre de sprints qui seront nécessaires pour terminer le projet (ou la release en cours). L'intérêt, c'est qu'on a un e vision de plus en plus fiable (retours d'expérience de sprint en sprint) de la date d'aboutissement du projet, tout en permettant d'aménager les items de backlog du produit en cours de route.

Items de backlog de sprint

Les items de backlog de sprint sont généralement exprimés en heures et ne doivent pas dépasser 2 journées de travail, auquel cas il convient de les décomposer en plusieurs items. Par abus de langage, on emploie le terme de *tâches*, les concepts étant très proches.

2.2.7. Déroulement d'un sprint

Réunion de planification

Tout le monde est présent à cette réunion, qui ne doit pas durer plus de 4 heures. La réunion de planification (Sprint Planning) consiste à définir d'abord un but pour le sprint, puis à choisir les items de backlog de produit qui seront réalisés dans ce sprint. Cette première partie du sprint planning représente l'engagement de l'équipe. Compte tenu des conditions de succès énoncées par le directeur de produit et de ses connaissances techniques, l'équipe s'engage à réaliser un ensemble d'items du backlog de produit.

Dans un second temps, l'équipe décompose chaque item du backlog de produit en liste de tâches (items du backlog du sprint), puis estime chaque tâche en heures. Il est important que le directeur de produit soit présent dans cette étape, il est possible qu'il y ait des tâches le concernant (comme la rédaction des règles métier que le logiciel devra respecter et la définition des tests fonctionnels).

Au quotidien

Chaque journée de travail commence par une réunion de 15 minutes maximum appelée mêlée quotidienne (Daily Scrum). Seuls l'équipe, le directeur de produit et le Scrum Master peuvent parler, tous les autres peuvent écouter mais pas intervenir (leur présence n'est pas obligatoire). A tour de rôle, chaque membre répond à 3 questions :

- Qu'est-ce que j'ai fait hier ?
- Qu'est-ce que je compte faire aujourd'hui ?
- Quelles sont les difficultés que je rencontre ?

Le tour de parole doit être scrupuleusement respecté pour éviter que le Scrum dérive sur des discussions techniques et déborde des 15 minutes. Si le besoin s'en fait sentir, des discussions sont alors menées librement après le Scrum.

Cette réunion a un but de synchronisation pour l'équipe et ne doit pas être vécue comme un reporting d'activité. C'est le niveau quotidien du principe "inspect and adapt" de Scrum.

L'équipe se met ensuite au travail. Elle travaille dans une même pièce, dont le ScrumMaster a la responsabilité de maintenir la qualité d'environnement. Les activités se déroulent éventuellement en parallèle : analyse, conception, codage, intégration, tests, etc. Scrum ne définit volontairement pas de démarche technique pour le développement du logiciel : l'équipe s'autogère et décide en toute autonomie de la façon dont elle va travailler.

Remarque : Il est assez fréquent que les équipes utilisent la démarche de développement guidé par les tests. Cela consiste à coder en premier lieu les modules de test vérifiant les contraintes métier, puis à coder ensuite le logiciel à proprement parler, en exécutant les tests régulièrement. Cela permet de s'assurer entre autres de la non-régression du logiciel au fil des sprints.

Revue de sprint

À la fin du sprint, tout le monde se réunit pour effectuer la revue de sprint, qui dure au maximum 4 heures. L'objectif de la revue de sprint est de valider le logiciel qui a été produit pendant le sprint. L'équipe commence par énoncer les items du backlog de produit qu'elle a réalisés. Elle effectue ensuite une démonstration du logiciel produit. C'est sur la base de cette démonstration que le directeur de produit valide chaque fonctionnalité planifiée pour ce sprint.

Une fois le bilan du sprint réalisé, l'équipe et le directeur de produit proposent des aménagements sur le backlog du produit et sur la planification provisoire de la release. Il est probable qu'à ce moment des items soient ajoutés, modifiés ou réestimés, en conséquence de ce qui a été découvert

La rétrospective du sprint est faite en interne à l'équipe (incluant le ScrumMaster). L'objectif est de comprendre ce qui n'a pas bien marché dans le sprint, les erreurs commises et de prendre des décisions pour s'améliorer. Il est tout à fait possible d'apporter des aménagements à la méthode Scrum dans le but de s'améliorer. Il faut être très vigilant à ne pas retomber dans des pratiques rigides des méthodologies plus classiques.

Vue synthétique du processus SCRUM

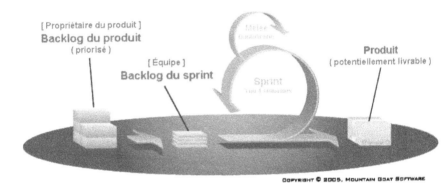

Figure 5.Vue synthétique du processus SCRUM

3. Les projets

3.1. Le projet EMS21

EMS21 est un projet dont l'objectif principal est de développer un système d'information pour la gestion des droits d'accise et les produits soumis à accise.

3.1.1. Sujet.

Le projet EMS21 auquel j'ai participé concerne la mise en œuvre, la mise en exploitation et la maintenance d'un système d'information permettant d'automatiser les processus administratifs dans les douanes en Bulgarie. C'est un projet qui vise à améliorer la communication entre les opérateurs économiques et les services des douanes, ainsi qu'accélérer et améliorer l'accessibilité à tous les processus administratifs. Le projet EMS21 concerne tous les bureaux de douane dan s le pays.

3.1.2. Contexte et moyens.

Introduction

EMS21 fait partie de la Stratégie pour la technologie de l'information de l'Agence des douanes. Cette stratégie a plusieurs aspects et phases et le projet fait partie de la phase 2.1 de la stratégie de la collecte des droits d'accises.

Objectif principal.

Développement d'un système d'information pour l'automatisation des activités liées à l'administration des droits d'accises, y compris les entrepôts fiscaux en conformité avec les exigences de la norme de l'Union européenne.

Besoins généraux.

- Analyse et évaluation des besoins et préparation des spécifications fonctionnelles du système.

- Préparation des spécifications techniques pour le développement d'un système d'information pour l'automatisation des activités liées à l'administration des droits d'accises, y compris les entrepôts fiscaux, le contrôle des produits soumis à accises etc.

- Développement de l'architecture du système d'information pour l'automatisation des activités liées à l'administration des droits d'accises, conformément à la Stratégie technologique de l'Agence de douanes.

- Construire une base de données pour les besoins du système.

- Construction et évaluation d'un système prototype pour l'évaluation préliminaire.

- Implémentation de tous les composants du système

  - Noyau du système.

  - Module financier pour les payements, les remboursements des droits d'accises et la gestion de la garantie.

  - Module pour les fonctions d'octroi de licences et enregistrements.

  - Module de gestion des bandes d'accise.

  - Module de gestion du risque.

  - Module de contrôle opérationnel.

  - Module pour l'administration du système.

- Intégration du système avec le système SIIDB(Système intégré d'information des douanes en Bulgarie) .

- Formation des utilisateurs et administrateurs du système.

- Déploiement du système.

- Si nécessaire, prise de mesures correctives au cours de la période de garantie pour assurer l'efficacité opérationnelle du système.

Architecture globale du projet

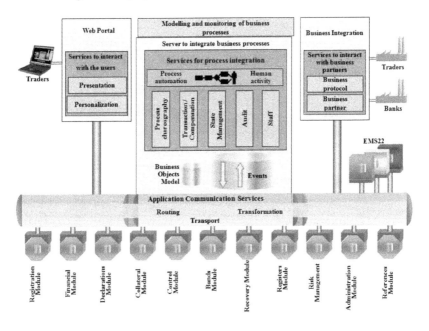

Figure 6. Architecture globale

La figure du haut permet de distinguer les éléments suivants

- **Portail**, intermédiaire entre l'homme et le système EMS21. Grâce au portail les utilisateurs du système (les agents des douanes et les opérateurs économiques) ont accès aux différents services.

- **Les composants métier** gèrent le logique métier du système pour le secteur d'activité (remboursement des droits d'accises, etc.). Le développement de ces composants permet la

36

meilleur intégration entre eux par le bus, et leur travail indépendant. Toutes les applications et les composants connectés à ce bus peuvent communiquer les uns avec les autres si nécessaire;

- **Serveur d'intégration des processus métier** - gérer la façon dont tous les modules dans le système fonctionnent ensemble;

- **Business Integration** - permet aux institutions de l'extérieur et les opérateurs économiques d'échanger des données avec le système en utilisant une interface B2B pour la connexion. Cette chaîne est destinée à faciliter le travail des grandes entreprises et institutions qui ont un plus grand échange d'informations avec l'Agence de douanes.

- **Les systèmes d'information des douanes** sont tous des systèmes douaniers qui devront utiliser des informations provenant du système ou de soumettre de telles informations. Leur intégration, par opposition à l'interface B2B peut être atteinte en utilisant directement leurs interfaces de communication.

3.1.3. Méthodologie de travail

Structure organisationnelle

L'équipe du projet EMS21 utilise la structure organisationnelle suivante :

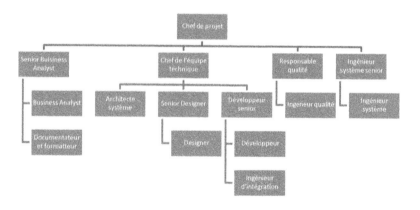

Figure 7. Structure organisationnelle du projet EMS21

- Pour la coordination générale et la responsabilité du projet est responsable le chef du projet. Il est aussi responsable de la communication avec le client (point de contact unique), organise le montage et la transmission des itérations et rapports requis (en utilisant l'aide de l'adjoint administratif).

- Le chef de projet est responsable de la réussite du projet, son achèvement à temps et la qualité.

- Le chef de l'équipe technique gère directement et coordonne l'équipe technique impliqué dans le développement et la mise en œuvre (architecte, designer, ingénieur d'intégration, développeurs).

- Le reste de l'équipe est guidé par des responsables compétents ou des membres expérimentés (senior) pour ne pas surcharger le chef de l'équipe technique ou le chef du projet.

Cette structure a été choisie pour ce projet car elle a été considérée capable d'assurer l'utilisation la plus efficace des ressources :

- Le chef de l'équipe technique a une très forte orientation technique et est responsable pour tout le travail technique.

- Le chef du projet est responsable de l'aspect « business » du projet ,de la coordination générale et de la communication sur le projet.

Caractéristiques des travaux du projet dans le cadre de l'organisation (du projet et celle de l'entreprise):

- Le chef du projet travaille sous la direction du Directeur de Sirma ITT qui de sa part aide la communication avec le client pour les questions qui sortent de la compétence du chef du projet.

- L'équipe de développement se profile dans trois domaines principaux, qui reçoivent les ressources des divisions concernés au sein de Sirma et Sirma ITT et le soutient des chefs de ses divisions :

    - Interface utilisateur (Enterprise Web)

    - Les services, les processus, les données (Enterprise Java)

    - La communication (Com Enterprise)

- Le chef du projet est responsable de la réussite du projet, son achèvement à temps et la qualité.

Caractéristiques de la communication et l'interaction entre Sirma et l'Agence des douanes (le client) :

- Le chef du projet est le seul point de contact avec l'équipe en ce qui concerne la portée des travaux, les priorités, l'établissement des tâches spécifiques et la prise de décisions d'affaires.

- Des contacts directes sont autorisés si nécessaire entre :

    - Les Business Analystes de Sirma et les Business Analystes de l'Agence des douanes.

    - Les spécialistes de l'Agence des douanes avec l'architecte et le concepteur système du projet.

    - Les utilisateurs (employés de l'Agence des douanes) avec le formateur et les ingénieurs de qualités du projet.

- L'équipe commune du MOA et MOE.

La réalisation du projet est organisée en trois étapes comme suit :

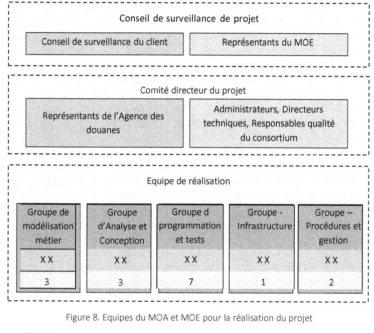

Figure 8. Equipes du MOA et MOE pour la réalisation du projet

Légende :

| X X | Nombre de spécialistes de l'Agence des douanes |

| 3 | Nombre de spécialistes de Sirma ITT |

Gestion du projet

Le processus utilisé pour le développement du projet est le Rational Unified Process.

Les phases du processus du projet EMS21 sont les suivantes :

- Planification
- Détail

- Construction
- Livraison

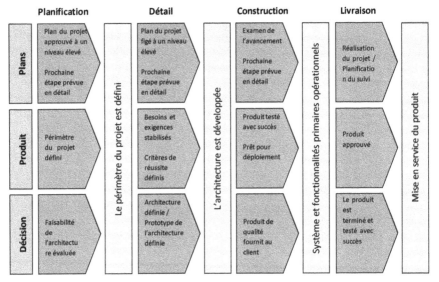

Figure 9. Phases du développement du projet

Les activités de gestion de projet sont réalisées (comme indiqué dans RUP) en tenant compte de la mise en œuvre du projet dans une séquence décrite dans le flux de travail présenté ci-dessous.

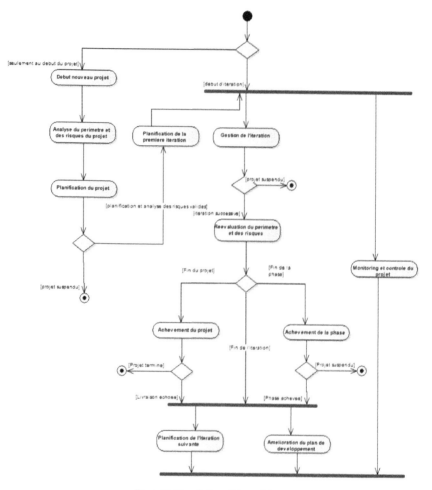

Figure 10. Flux du travail du projet

La gestion de la qualité comprend la mise en œuvre des normes, des lignes directrices pour l'emploi et les techniques de gestion. Ces méthodes et standards déterminent le processus de gestion de la qualité du processus de développement. Cela implique que tous les membres de l'équipe du développement sont responsables de respecter les standards et les normes, et d'appliquer le processus de production de produits de travail de qualité.

Les tâches du processus de gestion de la qualité comprennent :

- Les examens réguliers de la gestion de projet.

- Les vérifications du processus

- Examens du processus

D'autres moyens d'assurance de la qualité sont l'utilisation de pratiques tels que l'utilisation des conventions d'écriture de code, des normes définies par le fournisseur de la technologie utilisée, l'utilisation de design patterns etc. Dans le projet EMS21 ce sont les normes et les conventions Java/JEE et les design patterns applicables dans le contexte Java.

3.2. Le projet SKIU

3.2.1. Sujet

L'appel d'offre du projet SKIU a été lancé par l'Agence de douanes en Bulgarie en 2010 et gagné par Sirma ITT. C'est un projet pilote engendré par la Stratégie pour la technologie de l'information de l'Agence des douanes et le besoin de contrôler les entrepôts fiscaux, lutter contre l'évasion fiscale et améliorer la collecte des droit d'accises.

3.2.2. Contexte et moyens

Introduction

Le projet SKIU fait partie de la Stratégie pour la technologie de l'information de l'Agence des douanes. Le projet a un aspect fortement industriel à cause de l'utilisation de matériel industriel (dispositifs de mesure, contrôleurs et ordinateurs industriels) et une communication entre les appareils basée sur le protocole Modbus. Ce projet vise la construction d'un système de base. Le succès conduira au développement d'un plus grand projet visant la collecte des données des entrepôts fiscaux de tout le pays et leur analyse qui apportera des conclusions stratégiques pour l'Agence des douanes, le gouvernement et les opérateurs économiques.

Objectifs principaux

Développement d'un système d'information pour la collecte de données des entrepôts fiscaux et le contrôle des produits soumis à accise.

Présentation des données des dispositifs de mesure industriels (des entrepôts fiscaux) collectées sous une forme compréhensible par l'humain.

Présentation des données sur l'utilisation du système au sein des entrepôts fiscaux afin d'assurer la cohérence des données collectées et détecter la fraude.

Intégration du système avec EMS21.

Besoins généraux

- Collecter des données des dispositifs de mesure dans les entrepôts fiscaux avec le protocole Modbus TCP/RTU/ASCII.

- Accéder aux données sur un portail web.

- Pouvoir paramétrer le délai entre les lectures d'informations avec Modbus et l'envoie sur le serveur.

- Supporter plusieurs états de chaque instance de l'application cliente. Les états disponibles sont :

  - Configuration

  - Production

  - En attente

- Chaque entrepôt fiscal a une architecture matérielle différente. Pouvoir maintenir un fichier de configuration pour chaque entrepôt.

- Surveiller la validité de la configuration de l'application dans chaque entrepôt.

- Pouvoir commander l'application cliente de chaque entrepôt à distance.

- Sécuriser les données envoyées des entrepôts vers le serveur, grâce à l'utilisation de certificats électronique.

- Surveiller le comportement logiciel et matériel et garder trace de chaque événement important.

- Pouvoir interagir avec le système EMS21 pour échanger de données sur les opérateurs économiques.

Spécification du protocole Modbus

Modbus est un protocole de communication publié par Modicon en 1979 pour usage avec ses contrôleurs industriels (PLCs). Il est devenu un standard dans l'industrie et est le moyen le plus utilisé de connecter des appareils électroniques industriels. Les raisons principales de l'usage extensive de Modbus au lieu d'autres protocoles de communications sont:

1. Il est ouvert et gratuit.
2. Il est un moyen facile de connexion en réseau.
3. Il déplace des bits bruts ou des mots, sans de nombreuses restrictions.

Modbus permet la communication entre plusieurs appareils connecté sur le même réseau, par exemple un système qui mesure la température et l'humidité et communique les résultats à un ordinateur. Modbus est souvent utilisé pour connecter un ordinateur de surveillance avec un terminal à distance dans des systèmes de contrôle et surveillance d'acquisition de données (SCADA).

Ils existent plusieurs implémentations du protocole. La plupart des appareil Modbus communiquent sur la couche physique EIA-485. Les implémentations les plus utilisée sont les suivantes:

- Modbus RTU - liaison en série, utilise une représentation binaire compacte.
- Modbus ASCII - utilise des caractères ASCII pour la communication.
- Modbus TCP - utilisé pour la communication sur des réseaux TCP/IP.

Le modèle de données est le même pour les différentes implémentations, mais les variantes ne sont pas interopérables car les formats de trame sont différents.

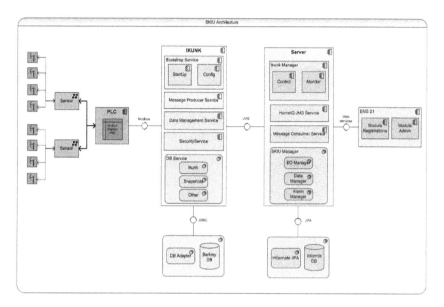

Figure 11. Architecture générale du projet SKI

L'application cliente porte le nom IKUNK.

Chaque IKUNK est connecté à un contrôleur industriel (PLC – programmable logic controller) – c'est un appareil dont le rôle est de communiquer avec des dispositifs de mesure (capteurs industriels). Un contrôleur industriel peut être programmé pour définir son comportement.

Un dispositif de mesure rend des données sur des grandeurs physiques ou abstraites, telles que la température, la pression, la momentanée du volume des dépenses, etc.

IKUNK envoie des « snaptshots » (paquets d'informations) au serveur qui les stocke. Ces informations sont disponibles pour les utilisateurs du système à travers d'une interface web.

3.2.1. Méthodologie de travail

Structure organisationnelle

La structure organisationnelle correspond à la structure organisationnelle usuelle des projets de Sirma ITT (voir 3.1.3. Mét h o d o lo gie d e t ravail - Structure organisationnelle).

45

Le processus utilisé pour le développement du projet est le SCRUM.

Ce processus permet un travail en équipe très dynamique avec des rendez-vous journaliers et permet aussi d'avoir rapidement des résultats qui peuvent être testés. Vu que SKIU est un projet pilote dont le but est de faire un système de base qui sera enrichi dans un future projet, SCRUM a été le choix approprié car il donne une flexibilité dans le développement et les changements dans les besoins fonctionnels et techniques.

Le désavantages de ce processus sont la manque de possibilité de planifier correctement les tâches et estimer le temps nécessaire. Les risques de SCRUM sont le danger de départ d'un des membres de l'équipe qui peut causer un effet de ralentissement important du projet et la difficulté d'application du processus dans le cas de membres non-expérimentés. Heureusement dans mon cas j'étais entouré de professionnels affirmés et s'est bien déroulé.

Gestion de la qualité

Les méthodes des gestion de la qualité correspondent à ceux du projet EMS21 et la majorité des projets de Sirma ITT (voir 3 . 1. 3 M éthodolog ie de tr a va il - G estion de la qua lité).

4. Conclusion

4.1. Apport de la formation TA

Le stage m'a permis de me rendre compte des avantages que la formation TA m'a donné. Ce sont principalement les capacités:

- de rapidement prendre en main de nouvelle technologies (Seam dans le cadre du projet EMS21, Modbus dans le cadre du projet SKIU).

- de pouvoir me situer dans un projet qui est dans une phase avancée (notamment le projet EMS21 dont plus d'un an avait été passé depuis le début à mon arrivé).

- de pouvoir bien comprendre des processus de développement que je connaissais pas.

- de prendre de différentes responsabilités au sein d'un projet (gestion de la qualité, développement, planification, analyse).

- de pouvoir m'intégrer dans une équipe et respecter tous les protocoles et méthodes de travail sans difficultés.

4.2. Apport du stage

Ce stage m'a permis entre autre de:

* Approfondir mes connaissances en JEE.
* Me former aux technologies Seam, Modbus, Jboss, JSF, Jasper Reports.
* Gagner de l'expérience dans un projet fortement industriel tel que SKIU ou la qualité de développement est critique.
* Travailler sur un grand système d'information avec un nombre important de sous-systèmes et une complexité importante.
* Participer et prendre des responsabilités dans des projet d'une grande importance - des projets pour le gouvernement.
* Faire partie d'équipes de taille et responsabilité différentes.
* Découvrir les processus de développement RUP et SCRUM.

4.3. Bilan humain

Sur le plan humain, l'environnement dans lequel j'ai effectué mon stage m'a permis de rencontrer de différents types de personnes. J'ai été rapidement considéré comme un collaborateur à part entière. Cet état d'esprit m'a permis de me considérer moi-même comme un professionnel et assumer complètement ce rôle.

Ce stage à répondu à mes attentes. Utilisant les technologies et les outils les plus récent et répandus en matière de développement et de gestion de projet, j'ai pu, dans un environnement méthodologique et humain de grande qualité, appréhender le métier d'ingénieur et confirmer mon souhait de débuter ma carrière professionnelle dans ce domaine d'activité.

www.ingramcontent.com/pod-product-compliance
Lightning Source LLC
LaVergne TN
LVHW042351060326
832902LV00006B/529